BEI GRIN MACHT SICH IHR WISSEN BEZAHLT

- Wir veröffentlichen Ihre Hausarbeit,
  Bachelor- und Masterarbeit

- Ihr eigenes eBook und Buch -
  weltweit in allen wichtigen Shops

- Verdienen Sie an jedem Verkauf

Jetzt bei www.GRIN.com hochladen
und kostenlos publizieren

Anne Udelhoven

Franz Kafkas Prosa "Der Steuermann". Die unmögliche Deutung

GRIN Verlag

Bibliografische Information der Deutschen Nationalbibliothek:

Die Deutsche Bibliothek verzeichnet diese Publikation in der Deutschen National-
bibliografie; detaillierte bibliografische Daten sind im Internet über http://dnb.d-
nb.de/ abrufbar.

Dieses Werk sowie alle darin enthaltenen einzelnen Beiträge und Abbildungen
sind urheberrechtlich geschützt. Jede Verwertung, die nicht ausdrücklich vom
Urheberrechtsschutz zugelassen ist, bedarf der vorherigen Zustimmung des Verla-
ges. Das gilt insbesondere für Vervielfältigungen, Bearbeitungen, Übersetzungen,
Mikroverfilmungen, Auswertungen durch Datenbanken und für die Einspeicherung
und Verarbeitung in elektronische Systeme. Alle Rechte, auch die des auszugsweisen
Nachdrucks, der fotomechanischen Wiedergabe (einschließlich Mikrokopie) sowie
der Auswertung durch Datenbanken oder ähnliche Einrichtungen, vorbehalten.

Impressum:

Copyright © 2013 GRIN Verlag GmbH
Druck und Bindung: Books on Demand GmbH, Norderstedt Germany
ISBN: 978-3-656-55182-9

Dieses Buch bei GRIN:

http://www.grin.com/de/e-book/262812/franz-kafkas-prosa-der-steuermann-die-
unmoegliche-deutung

GRIN - Your knowledge has value

Franz Kafka – Der Steuermann (1920)

Verfasserin: Anne Udelhoven

Die unmögliche Deutung – Eine Annäherung an Franz Kafkas Prosa
„D e r S t e u e r m a n n" (1920)

Schon der Titel Franz Kafkas Parabel „Der Steuermann" (1920) lässt den Rezipienten die
Thematik seines Werkes vermuten; Ebenso der erste Eindruck, den er beim Lesen gewinnt:
Die Kernproblematik wird ihm durch die Symbolkraft des Meeres vermittelt.

Bevor ich mit der eigentlichen Analyse des Werkes einsteigen werde, möchte ich jedoch ein
Zitat näher beleuchten: „Das Flüstern des Windes, das Rauschen der See schenken einem das
Glück, einfach zu existieren[1]" (Unbekannt). Das Meer schenkt einem Bootsführer also Glück.
Betrachtet man dieses Gut aus biblisch-ethischer Sicht, kann Glück wie folgt definiert werden:
Es ist die Freiheit des Handelns aus moralischer Verpflichtung und nicht aus instinktiver
Neigung. Dementsprechend ist es die Pflicht eines jeden Individuums, sich um die eigene
psychische und physische Konstellation zu kümmern, um seine Existenz zu wahren. Das
genannte Zitat lässt sich mit einer Leichtigkeit lesen, die in Kafkas Parabel jedoch nicht
anzutreffen ist. Sie wirkt vielmehr schwer, traurig und düster. Es gilt der Frage nachzugehen,
woraus diese Empfindung resultiert, denn eigentlich müsste auch der Steuermann in Kafkas
Parabel Glück empfinden und dankbar für sein Leben sein. Zunächst bietet sich die
Betrachtung des Inhaltes sowie der sprachlichen Besonderheiten an, um eine Grundlage für die
kunst-theoretische Deutung des Werkes zu schaffen.

Franz Kafkas Parabel weist keine Absätze auf, was im ersten Augenblick überfordernd auf den
Leser wirkt. Die dadurch hervorgerufene Stimmung weist eine große Kongruenz zur
inhaltlichen Ebene auf: Der Steuermann eines Schiffes wird von einem fremden Mann in der
Nacht überrascht, dem er die Frage stellt, ob er nicht der Steuermann sei. Der Unbekannte
versucht ihm im Folgenden das Steuer zu entreißen. Da der Ich-Erzähler nicht das Ruder aus
der Hand gibt, wird er gewaltsam niedergetreten. Zur gleichen Zeit bringt der Fremdling das
Boot wieder auf den richtigen Kurs. Der Ich-Erzähler ruft seine Mannschaft um
Unterstützung. Sie bestätigen ihn in seinem Amt als Schiffsführer, haben aber nur Augen für
den Unbekannten. Auch auf dessen Befehl hin, ihn nicht zu stören, reagiert die Crew. Kafkas
Parabel endet symbolisch mit der Frage nach der Bedeutung der Existenz dieser Menschen. An
dieser Stelle sei nochmals auf das Zitat verwiesen, was uns als Grundlage der
Deutungshypothese dienen soll: Franz Kafka spiegelt in seiner Parabel „Der Steuermann" sein
Defizit, Glück für seine Existenz zu empfinden, wider und zeigt dies in einer „Wunsch-"
Projektion. Um dieser Hypothese nachzugehen, möchte ich einige biographische Daten aus

---

[1] http://www.charter-logbuch.de/index.php/downloads/segel-zitate, Zugriff: 19.04.2013, 18:27 Uhr

Franz Kafkas Leben zu Rate ziehen. „Kafkas Beziehung zu seinem Vater Hermann strotzt[e] vor Widersprüchlichem. Unter dem unterkühlten Verhältnis litt Kafka sein Leben lang, als einziger Sohn wurde er von seinem Vater in seinem literarischen Streben nicht ernst genommen. Er entwickelte sich unter seinem herrschsüchtigen und pseudomoralischen Vater, wie er ihn selbst nannte, zu einem ängstlichen und wankelmütigen Erwachsenen. Trotzdem wollte er seinen Erzeuger immer beeindrucken. Dieser hielt ihn für schwach und gefühlskalt, Kafka wiederum betrachtete den Vater als gleichgültig und oberflächlich.[2]" Im Laufe der Analyse soll auf diese Fakten zurückgegriffen werden, um Kafkas Lebensumstände besser nachvollziehen zu können.

Kafkas Parabel beginnt mit der Frage des Schiffsführers: „Bin ich nicht der Steuermann?" (Z. 1). Auf Grund dessen befindet sich der Leser schon unmittelbar im Geschehen. Anstelle zu Hinterfragen, aus welchem Grund der Unbekannte auf dem Deck erscheint, plagen den Ich-Erzähler Selbstzweifel, was nicht zuletzt auf die problematische Beziehung zu seinem Vater zurückzuführen ist (siehe im Zitat 2: „Er entwickelte sich [...] zu einem ängstlichen und wankelmütigen Erwachsenen"): Kafka litt unter dem Druck, den Ansprüchen seines Vaters nicht gerecht werden zu können, und empfand auf Grund dessen Selbstzweifel. Ferner wird diese These durch die provokative Frage „Du?" (Z.1) untermauert. Eine weitere Bestätigung der Hypothese wird durch die Beschreibung des Fremden deutlich. Er wird als „ein dunkler hoch gewachsener Mann" (Z. 1f.) bezeichnet und trägt somit einen furchteinflößenden autoritären Charakterzug. Diese Eigenschaften entsprechen den Empfindungen Kafkas gegenüber seinem Vater, den er als „herrschsüchtig und pseudomoralisch" (2. Zitat) beschrieb. Der Unbekannte streicht sich „mit [seiner] Hand über die Augen, als verscheue er einen Traum" (Z. 2f.). Hinterfragt wird diese Handlung vom Ich-Erzähler nicht, sondern vielmehr teilnahmslos akzeptiert. Es lässt die Deutung zu, dass der Fremde eigentlich eine „Wunsch-" Projektion bzw. das Spiegelbild des Ich-Erzählers ist. Der Unbekannte, also die positive Projektion des Ich-Erzählers, sieht klar die Defizite des Steuermannes und versucht diese durch das „Wegstreichen" endgültig zu „vernichten", um selbstbewusst zu agieren. Unterstrichen wird die Vermutung einer Projektion auch durch die Tatsache, dass keine Angaben über die Art und Weise gefällt werden, wie der Unbekannte auf das Schiff gelangt (Kafkaesker – Moment). Er übernimmt die Rolle des Deus ex machina, da der Ich-Erzähler wohlmöglich durch den Mangel an Glück(-smomenten) an seiner Existenz zweifelt. Es ist ebenso die Aufgabe der Projektion, ihn auf wohlmöglich unangenehme Weise auf das Problem hinzuweisen, da der Steuermann sich sonst seine Fehler nicht eingesteht. Hinter dieser

---

[2] http://www.planet-wissen.de/laender_leute/tschechien/tschechien/kafka.jsp, Zugriff: 19.04.13, 19:26 Uhr

Bestrebung kann Kafkas Wunsch stehen, seinem Vater immer genügen zu wollen, um seine Aufmerksamkeit zu erlangen (vgl. 2. Zitat).

Im nachfolgenden Satz erzählt der Steuermann die Ereignisse, die sich in der Nacht abspielen. Dabei wiederholt er nochmals das Wort „dunkel" (Z. 3), was die düstere Atmosphäre der Parabel erneut in den Vordergrund hebt. Ebenso beschreibt der Ich-Erzähler, dass „über [seinem] Kopf [die schwachbrennende Laterne]" (Z. 4) hängt. Zu deuten ist dieses Licht als das schwachbrennende Licht in seinem Herzen. Einerseits kann er kein Glück empfinden und zweifelt somit die Bedeutung seiner Existenz an, anderseits zeigt es auch den krampfhaften Versuch Kafkas, immer nach neuen Werken zu streben, um seine Empfindungen in Worte zu fassen. Der Ich-Erzähler sagt seinerseits in einer Leichtigkeit „und nun war dieser Mann gekommen und wollte mich beiseiteschieben" (Z. 4f.). Diese Aussage wirkt widersprüchlich, da ein Fremdling sein „Revier", das Schiff, übernommen hat. Gleichzeitig verdeutlicht es die Hypothese, dass es sich um eine Projektion des Ich-Erzählers handelt, da er den Unbekannten akzeptiert. „Und da ich nicht wich, setzte er mir den Fuß auf die Brust und trat mich langsam nieder, während ich noch immer an den Stäben des Steuerrads hing und beim Niederfallen es ganz herumriss" (Z. 5ff.). Der Steuermann kann sich nicht seiner widersprüchlichen Persönlichkeit widersetzen, um sich selbst zu akzeptieren. Das wird wiederum in seiner Projektion antagonistisch gezeigt, da der Fremde ihn von dem Steuerrad wegdrängt. Das Steuerrad nimmt in der Parabel die Bedeutung des Lebens des Ich-Erzählers ein bzw. steht symbolisch für das Leben Kafkas. D.h., dass der Ich-Erzähler an seinem alten Leben festhält und eher das Risiko eingeht, dass sein Leben eine (noch) schlechtere Wendung annimmt (denn das Rumreißen des Steuerrades bedeutet vom richtigen Kurs abzukommen und in eine falsche Richtung zu segeln), als sich seine Defizite einzugestehen und etwas an seiner Lebenseinstellung zu ändern. Durch die Tatsache, dass der Fremde ihm Zeit gewährt (vgl. „trat mich langsam") und der Steuermann diese nicht nutzt, wird deutlich, dass er sich nicht ändern kann und möchte. Er ist in seiner Lebensweise determiniert. Vergleichbar ist dies erneut mit Kafkas Leben, da er immer versucht hat sich nach den Bedürfnissen seines Vaters zu richten und seine Person in den Hintergrund stellte. Eine weitere Bestätigung der Hypothese liefert folgender Satz: „Da aber fasste [...] der Mann [das Steuerrad], brachte es in Ordnung, mich aber stieß er weg" (Z. 8ff.). Die Projektion des Ich-Erzählers bringt das Schiff, also das Leben des Steuermannes, wieder auf den richtigen Kurs. Der Fremde weiß, dass es nur möglich ist, dem Ich-Erzähler die Defizite in seinem Leben aufzuzeigen, indem er radikal eine Änderung herbeiführt. Betrachtet man nochmals genauer den Satz, fällt beim Lesen auf, dass eine Art Verwunderung in der Aussage des Steuermannes liegt. Zurückzuführen ist dies auf die determinierte Haltung des Ich-Erzählers, der aus seinem Leben, kein Glück empfinden zu können und somit auch keine Dankbarkeit für seine Existenz zu verspüren, nicht entfliehen kann. Biografisch betrachtet, kann dies schon auf Franz Kafkas Vater Hermann übertragen werden: „Ungewöhnlich war schon eher, wie tief die Existenzängste im Leben des Hermann Kafka verankert waren und wie unflexibel er auf die veränderten Zeitläuf[]e reagierte[3]". Genau dieses Muster bestimmte auch das Leben seines Sohnes Franz, der sich nicht dem Wandel der Zeit in seiner psychischen Konstellation anpassen konnte. Unterstrichen wird diese Aussage durch die Tatsache, dass sich der Ich-Erzähler „bald [besann], [...] zu der Luke [lief], die in den Mannschaftsraum führte und rief: ,Mannschaft! Kameraden! Kommt schnell! Ein Fremder hat mich vom Steuer vertrieben!'" (Z. 9ff.). Gleichermaßen ist der nachfolgende Satz von großer Bedeutung: „Langsam kamen sie, stiegen auf aus der Schiffstreppe, schwankende müde mächtige Gestalten" (Z. 11ff.). Der Steuermann kann sich nicht selbst aus der prekären Situation retten, sodass er auf die Hilfe seiner Mitmenschen angewiesen ist. An dieser Stelle möchte ich einen Ausschnitt eines Beitrages des Magazins „Sein" zitieren: „Projektionen sind eine Art Schutzmechanismus unseres Egos, durch sie verteidigt es seine Strategien und Muster, seine Lügen und Illusionen gegen die Realität. Es ist meist sehr einfach zu erkennen, wann andere projizieren, aber zu Beginn fast unmöglich, die eigenen Projektionen zu durchschauen. Denn von innen sieht die Illusion dummerweise aus wie die Wahrheit. Und die Projektion zu hinterfragen, heißt oft, die eigene Wahrnehmung insgesamt, einen guten Teil des eigenen Realitätskonstrukts und obendrein noch die Selbstwahrnehmung gründlich in Frage zu stellen. Ein Schritt, der eine außerordentliche Bewusstheit erfordert[4]." Weder Franz Kafka, noch der Ich-Erzähler in der Parabel „Der Steuermann" weisen die Fähigkeit auf, sich selbst in Frage stellen zu können, weil sie zu schwach für diese äußerst kritische Auseinandersetzung mit ihrem Ego sind. Auf Grund dessen bleibt dem Steuermann letztendlich keine andere Wahl, als seine Crew zu rufen, um Hilfe zu bekommen. Hilfe ist hierbei mehr Selbstbestätigung, um seine falsche Projektion als Wahrheit anzuerkennen. Bestätigt wird diese These durch die Frage „Bin ich der Steuermann?" (Z. 13), die der Ich-Erzähler seiner Mannschaft stellt. Doch zunächst ist nochmals der Fokus auf die Beschreibung der Mannschaft zu richten, wie sie das Deck betritt. Auch die Crew ist Spiegelbild des Ich-Erzählers, was an verschiedenen Punkten festgemacht werden kann. Der Steuermann fordert eine schnelle Unterstützung an, denn er kann sich selbst in seiner konstruierten Wahrnehmung nicht helfen, doch seine Mannschaft bewegt sich betont „langsam" (Z. 11f.). Sie „steigen auf aus der Schiffstreppe" (Z. 12) und führen somit dem Ich-Erzähler eine Veränderung vor, die er wiederum nicht vollziehen kann.

---

[3] http://www.kafkaesk.de/franz-kafka/kafka-familie-freunde/hermann-kafka/verhaeltnis-kafka-vater.html, Zugriff: 20.04.13, 13:33 Uhr

[4] http://www.sein.de/geist/persoenliches-wachstum/2010/die-heilende-beziehung-hinter-den-spiegeln-und-projektionen.html, Zugriff: 20.04.13, 14:02 Uhr

Ebenso werden sie als „schwankende müde mächtige Gestalten" (Z. 12f.) beschrieben, was in Verbindung mit dem Fremden steht, der auch als „hoch gewachsener Mann" in Zeilen 1 – 2 charakterisiert wird. Die Mannschaft symbolisiert die Unausgeglichenheit des Ich-Erzählers, indem sie schwanken, um ihre Müdigkeit zu zeigen. Übertragbar ist dies wiederum auf Kafkas Leben, der unter dem Verhältnis zu seinem Vaters litt. In einem Brief zu Hermann sagte er: „Ich bekam von Dir eine stockende, stotternde Art des Sprechens, auch das war Dir noch zu viel, schließlich schwieg ich, zuerst vielleicht aus Trotz, dann weil ich vor Dir weder denken noch reden konnte[5]." Kafka wurde also müde von dem Versuch, immer wieder den Ansprüchen seines Vaters genügen zu müssen und zog sich vollständig zurück.

Die Frage des Steuermanns an seine Mannschaft, ob er der Steuermann sei, nicken sie ab (vgl. Z. 13). Dennoch haben sie „nur [Blicke] für den Fremden, [um den sie] im Halbkreis st[ehen]" (Z. 13ff.). Der Unbekannte gibt ihnen den Befehl, ihn nicht zu stören, worauf die Crew dem Ich-Erzähler zunickt und wieder ins Schiffsinnere verschwindet (vgl. Z. 15f.). Dieser Aktion ist große Bedeutsamkeit zuzuschreiben. Die Mannschaft kann zunächst keinen Unterschied zwischen dem Steuermann (Ich-Erzähler) und dessen Projektion wahrnehmen. Sie sehen den Ich-Erzähler visuell als ihren Schiffsführer an. In dem Fremden jedoch, die Projektion des Steuermannes, erkennen sie den „wahren" Schiffsführer, der das Boot auf den richtigen Kurs bringen möchte. Übertragen bedeutet dies, dass die Mannschaft, die das alte schwankende Ich des Ich-Erzählers darstellt, dem neuen selbstbewussten Ich (der Fremde) als Crew dient und den richtigen Kurs einschlagen will. Auf Grund dessen nicken sie dem Ich-Erzähler zu und verschwinden wieder ins Schiffsinnere. In dem bereits aufgeführten Ausschnitt der Zeitschrift „Sein" wurde verdeutlicht, dass „die Projektion zu hinterfragen, [...] oft [heißt], die eigene Wahrnehmung insgesamt, einen guten Teil des eigenen Realitätskonstrukts und obendrein noch die Selbstwahrnehmung gründlich in Frage zu stellen." Die Mannschaft der Parabel „Der Steuermann" hinterfragt die Selbstwahrnehmung des Ich-Erzählers und versucht ihm durch ihre radikal offensive Ignoranz seinen Fehler aufzuzeigen.

Die Parabel endet mit den Gedanken des Ich-Erzählers: „Was ist das für ein Volk! Denken sie auch oder schlurfen sie nur sinnlos über die Erde?" (Z. 16f.). Die Verwendung des Wortes „Volk" erhält in diesem Zusammenhang eine negative Bedeutung. Der Schiffsführer sieht seine Mannschaft als gleichgültige Menschen an, die weder ihm in seiner misslichen Lage zur Seite stehen, noch Verwunderung über den Unbekannten äußern. Er macht seiner Frustration Luft, indem er die Frage stellt, ob sie denken oder nur sinnlos leben. Das zu Beginn der Analyse genannte Zitat („Das Flüstern des Windes, das Rauschen der See schenken einem das

---

[5] http://www.judentum-projekt.de/persoenlichkeiten/liter/kafka/index.html, Zugriff: 20.04.13, 14:28 Uhr

Glück, einfach zu existieren[6]" (Unbekannt)) ist an dieser Stelle von dem Schiffsführer in seiner Aussage verankert. Er hinterfragt den Wert des Glückes und der Bedeutung der Existenz, sieht jedoch dabei nicht, dass er eigentlich in seiner Welt eine Lüge zur Wahrheit konstruiert. Ebenso auffällig ist, dass die Parabel mit einer scheinbar rhetorischen Frage beginnt und auch abschließt. Der Ich-Erzähler ist von außen betrachtet der Schiffsführer, von innen her allerdings nicht. Zudem ist es nicht die Mannschaft, die nicht nachdenkt und ohne Ziel vor sich hin lebt, sondern er. Auf Grund dessen kann die Aussage gefällt werden, dass der Steuermann in seiner gestörten Selbstwahrnehmung so gefangen ist, dass er seinen Fehler nicht sieht und auch keine Wandlung bzw. Entwicklung mitmachen kann. Auch Franz Kafka konnte in seinem Leben keine bedeutsame Wandlung mitmachen. Er unterlag dem Zwang, seine Empfindungen in Schriften zum Ausdruck zu bringen, was nicht zuletzt an der Tatsache lag, dass er entgegen der ablehnenden Haltung seines Vaters stets dessen Aufmerksamkeit zu erregen versuchte. In Kafkas Werken finden sich auch besondere sprachliche Merkmale wieder, die einer näheren Betrachtung unterzogen werden sollten. Neben der bereits angesprochenen sprachlichen Auffälligkeiten ist „[d]er Steuermann" im Imperfekt bzw. Plusquamperfekt verfasst. Der Fokus soll zunächst auf die Formulierung „[i]ch war am Steuer gestanden" (Z. 3) gerichtet werden. Diese Verwendungsform entspricht in der deutschen Grammatik dem Passiv, was eine deutliche Kongruenz zum Inhalt zeigt. Der Schiffsführer lebt passiv ein Leben, ohne Glück und Dankbarkeit für seine Existenz zu empfinden. Dasselbe gilt für Kafkas Satzteil „und nun war dieser Mann gekommen und wollte mich beiseiteschieben" (Z. 4f.). Der Steuermann nimmt passiv nur das Erscheinen des Fremden Mannes wahr, denn dieser ist seine Projektion und nicht reell anwesend. An dieser Stelle wird ein weiterer Kafkaesker – Moment deutlich: Der Rezipient konnte zunächst nicht klar erkennen, ob der Fremde wirklich anwesend oder nur ein Spiegelbild des Steuermannes ist. Dies liefert zugleich die Erklärung, wie der Unbekannte ohne rationale Erklärung das Schiff betreten konnte. Die im Aktiv verfasste Konstruktion „wollte mich beiseiteschieben" (Z. 5) zeigt auf, dass die Projektion des Ich-Erzählers eine Veränderung durchzuführen versucht. Das kopulative Konjunktionaladverb „[u]nd" (Z. 5) bietet dem Leser die Möglichkeit nachzuvollziehen, dass der Ich-Erzähler in seiner determinierten Haltung an seinem alten Leben festhält und folglich nicht weichen wird.   In dem angeführten Satz verwendet Kafka auffällig viele kopulative Konjunktionaladverbien (vier Stück), was auch im Zusammenhang mit dem im Aktiv geschrieben Präteritum steht (eine Akkumulation von Handlungen wird beschrieben). Ein weiterer Punkt ist die Verwendung von Inversionen (z.B. Z. 9). Dadurch wird der Kontrast zwischen Lüge und Wahrheit hervorgehoben. Die Parabel beginnt mit der Frage „Bin ich nicht

---

[6] http://www.charter-logbuch.de/index.php/downloads/segel-zitate, Zugriff: 19.04.2013, 15:22 Uhr

Steuermann?" (Z. 1). Der Steuermann fragt seine Crew jedoch „Bin ich der Steuermann?" (Z. 13). Er wird immer mehr von Selbstzweifeln geplagt, da bei der ersten rhetorischen Frage noch die Antwort „ja" im Raum schwebt, während bei der zweiten Frage diese Antwort kaum noch Relevanz hat. Kafka legt in die letzten beiden Sätzen nochmals vollkommen seine Empfindungen und zeigt zugleich, dass er sein Defizit selber nicht erkennen kann. In einem Tagebucheintrag sagte Franz Kafka: „Als es in meinem Organismus klar geworden war, [...] ließ [ich] alle Fähigkeiten leer stehen, die sich auf die Freuden des Geschlechtes, des Essens, des Trinken, des philosophischen Nachdenkens der Musik zu allererst richteten" (Tagebucheintrag vom 03.01.1912, Z. 1ff.). Gleichzeitig gilt es zu erwähnen, dass Kafka selbst kaum Kraft hatte. Die wenige, die er hatte, verwendete er stets zum Schreiben (vgl. Z. 6f.). Zurückzuführen ist dies wieder auf Kafkas Lebenslauf, der ihn maßgeblich prägte. Dass er mehr oder minder als Soziophob beschrieben werden kann, wird auch durch seine Aussage deutlich, dass er ebenso wenig von Musik verstehe, wie von der Liebe (vgl. Z. 9f.). Für beides benötigt er große Emotionalität, die er nicht bzw. nur gering aufbringen kann (Unterdrückung durch den Vater, ebenso möchte die Mutter nicht viel Zeit mit ihm verbringen). Unterstrichen wird dies auch in seinem Brief an Felice Bauer vom 14./15.01.1913, indem er schrieb: „Schreiben heißt ja sich öffnen bis zum Übermaß" (Z. 3f.). In seinen Werken kann Kafka seine Defizite verarbeiten und sein Glück finden. Wie bereits in der Analyse aufgeführt wurde, leidet der Ich-Erzähler in Kafkas Parabel „Der Steuermann" unter diesem Defizit, kein Glück finden zu können. Kafka spiegelt somit sein Inneres vollkommen in dieser Parabel wider. Der Rezipient wird mehrfach auf die Probe gestellt, ob er die eigentliche Problematik verstanden hat, was nicht zuletzt durch Kafkas sprachliche Fähigkeit hervorgerufen wird. In dem Buch „Moderne Literatur lesen. Eine Einführung" schreibt Horst Steinmetz unter der Rubrik „Konkretisierungs- und Verstehensprobleme bei der Lektüre von Kafkas Werken" (1996) von der Problematik des Verständnisses der Leserschaft: „Was außerhalb [des] Wahrnehmungs- und Erlebnisbereiches [der Hauptpersonen] liegt, bleibt auch dem Leser unbekannt" (Z. 4f.). Auch sagt Steinmetz, dass es „[h]inter der äußeren Schale [...] zahllose ungewohnte und unerwartete, häufig fremdartige und unheimliche Vorkommnisse und Geschehnisse" (Z. 16f.) gibt. Dies lässt die Folgerung zu, dass der Leser selbst versuchen muss, eine Deutung zu Kafkas Parabel „Der Steuermann" zu finden, um die Aussage des Werkes durchdringen zu können. Was auf den ersten Blick unverständlich klingt, macht nach Verstehen der Parabel Sinn: „Weil dem so ist, muss man Kafka anders lesen. Und wie man ihn lesen sollte, darauf geben die Texte selbst einige Hinweise" (Z. 54f.).

Der kunst-theoretische Ansatz der Kafka Forschung in Zusammenhang mit seiner Parabel „Der Steuermann" macht durchaus Sinn, verbindet man ihn mit biographischem

Faktenwissen. Kafkas Werke sind Kunst, die man nicht allzu leicht durchdringen kann. Wie Horst Steinmetz sagte: Man muss Kafkas Werke anders lesen. Dadurch können wir erst die Kunst als solche begreifen und auch den kunst-theoretischen Ansatz als den richtigen empfinden. Neben dem kunst-theoretischen Ansatz wäre der psychologische Ansatz empfehlenswert, da in Kafkas Parabel gut erkennbar die Psychoanalyse Anklang finden kann (Steuermann Ich, Unbekannter Es, Mannschaft Über-Ich). Die Problematik bei diesem Ansatz ist jedoch, dass die Genialität und Kunstauffassung leicht in Vergessenheit geraten kann. Auch eine reine biografische Analyse bringt diese Defizite mit sich. Aus diesem Grund bietet sich mehr eine kunst-theoretische Deutungsweise an, die durch biografische Daten auch auf die psychische Konstellation des Hauptcharakters eingeht.

Grundsätzlich sollte sich dem Rezipienten die Möglichkeit bieten, durch das Verstehen der Parabel eine Lehre zu ziehen. Zum Abschluss meiner Analyse möchte ich durch eine weitere Seglerweisheit mein Verständnis Kafkas Parabel „Der Steuermann" zum Ausdruck bringen: „Wenn das Schiff auf falschem Kurs ist, genügt es nicht, den Kapitän auszuwechseln – man muss den Kurs wechseln[7]" (P. Kosorin).

---

[7] http://www.stopat.eu/pages/maxim.html, Zugriff: 20.04.13, 16:03 Uhr